Pour mes précieux Petits Cornichons, Ryan, Alex et Beckett.
—R.D.

Pour ma formidable famille, où qu'elle soit.
—C.H.

La Bibliothèque du Congrès des données de Cataloguer-dans-Publication est disponible. Bibliothèque du Congrès la carte numéro 2009911364 de catalogue

ISBN 978-0-9840806-4-9

13 12 11 10 09   1 2 3 4 5 6 7 8 9 10

Imprimé au Canada
Première édition 2009

Little Pickle Press LLC
PO Box 983
Belvedere, CA 94920

Rendez-vous sur notre site : www.littlepicklepress.com.

Que Signifie Être Global ?

De Rana DiOrio   Illustré par Chris Hill

Little Pickle Press

Que signifie « être global » ?

Est-ce que ça veut dire avoir un globe ? Non.

Est-ce que ça veut dire étudier les planètes ? Non.

Est-ce que ça veut dire être rond ? Non !

« Être global » signifie . . .

... s'intéresser à d'autres parties du monde.

...reconnaître qu'il existe des milliers d'autres langages sur Terre.

... écouter différents styles de musique.

... voyager vers des lieux proches et lointains

en appréciant leurs spécificités.

... goûter des aliments et des plats différents.

... faire l'expérience d'autres traditions.

... s'intéresser aux autres religions.

... respecter les valeurs des autres même si elles sont différentes des tiennes.

... célébrer la diversité des peuples.

... comprendre que chacune de tes actions peut avoir un effet sur la vie des autres.

. . . respecter l'autre et vivre en paix tous ensemble.

...ouvrir ton esprit   à de nouveaux horizons.

Être global signifie être citoyen du monde.

Alors, tâchons d'être global dans nos actions !

Et faisons passer le message . . .

... si chacun
de nous agit de
manière globale,

notre monde sera encore plus intéressant et passionnant !

Notre Mission

Little Pickle Press a pour objectif d'aider les parents et les éducateurs
à faire de nos enfants des petits êtres consciencieux et responsables,
en incitant nos petits lecteurs à aider les enfants dans le besoin,
célébrer la diversité et protéger l'environnement.

Nous nous engageons à reverser dix pour cent (10 %) du prix d'achat
de ton livre à la Fondation Starlight Children.

Pour mieux nous connaître ou en savoir
plus sur la Fondation Starlight Children, rendez-vous sur :
www.littlepicklepress.com.

NEW LEAF PAPER®

DECLARATION SUR LES BENEFICES POUR L'ENVIRONNEMENT

de l'utilisation des déchets de fibres vs ... des fibres vierges

En utilisant *New Leaf Reincarnation Matte*, constitué de fibres recyclées à 100 % et de déchets à 50 %, traité sans chlore et fabriqué avec de l'électricité compensée par des certificats énergétiques renouvelables Green-e©, Little Pickle Press a permis de préserver les ressources suivantes :

arbres	eau	énergie	déchets solides	gaz à effet de serre
28 matures	23,15 kl	13,71 kWh	606,5 kilos	1025,12 kilos

Calculs basés sur les recherches du *Environment Defense Fund* et d'autres membres du *Paper Task Force*.

www.newleafpaper.com

 ANCIENT FOREST FRIENDLY™ Green-e  NEW LEAF PAPER manufactured with wind power

Nous imprimons et distribuons notre matériel pédagogique en respectant l'environnement. Nous utilisons du papier recyclé, de l'huile de soja et des emballages écologiques.

A propos de l'Auteur

Rana DiOrio est née à Providence (Rhode Island) et a grandi au sein d'une famille italo-américaine pittoresque. Son intérêt pour le monde qui l'entoure lui vient dès la maternelle et le primaire, où elle étudie la découverte de la Chine par l'Occident et, évidemment, les pandas. Au lycée, elle choisit les sciences politiques comme matière principale et la psychologie en matière secondaire, puis elle se spécialise en droit. Au cours de ses études, elle est fascinée par les différences de points de vue et les diverses façons dont toute personne, tout lieu, toute chose ou toute situation peut être perçu.

« Je suis persuadée que si j'ai deux oreilles, deux yeux et une bouche, ce n'est pas sans raison. J'écoute et j'observe plus que je ne parle. Je pense que je suis davantage capable de respecter et d'apprécier la diversité. » L'idée d'écrire *Que Signifie Être Global ?* lui est venue avec l'élection du Président Barack Obama, lorsqu'elle a dû expliquer à ses enfants pourquoi cet évènement était important et ce qu'il symbolisait sur de nombreux plans.

L'écriture a toujours fait partie de la vie de Rana que ce soit en tant qu'étudiante, avocate, banquière d'investissement, investisseur privé et aujourd'hui auteure de livres illustrés pour enfant. Elle aime faire du yoga, lire des livres sur le monde qui nous entoure, rêver, trouver des solutions pour changer et améliorer le monde et, bien sûr, être globale. Elle vit aujourd'hui à Belvedere, Californie, avec son mari et ses trois Petits Cornichons.

A propos de l'Illustratrice

Chris Hill est née et a grandi à London, Canada. Son diplôme de psychologie en poche, elle prend quelques affaires personnelles dont un bloc à dessin et des marqueurs Sharpie™ et part visiter la Californie. Elle n'en repartira plus. Elle devient professeur à San Francisco où elle enseigne l'art aux tout-petits. En classe, elle utilise les personnages fantasques qu'elle dessine pour amuser et motiver ses petits écoliers.

Après dix ans passés à enseigner et perfectionner son talent, Chris décide de créer sa propre marque d'articles de papeterie, d'invitations et de toiles faits main, Mackie Mack. Son espièglerie, sa créativité et sa compréhension innée des gens donnent vie à ses personnages. « Pour illustrer *Que Signifie Être Global ?*, je suis partie de l'idée qu'un simple geste pouvait changer le point de vue d'une personne sur elle-même et sur le monde et de l'idée que cette énergie positive pouvait être contagieuse, pour que nous vivions tous en harmonie dans un monde où chacun a un rôle à jouer. »

Elle aime courir, échanger avec la communauté, amuser les autres et, bien sûr, gribouiller. Elle vit aujourd'hui à Mill Valley, Californie, avec son mari et ses deux filles, Mackie et TJ.